¡Sssssshhhhhhhhhh!

Haz del teatro algo íntimo

Llévalo siempre en el bolsillo

Cubierta y diseño editorial: Éride, Diseño Gráfico
Dirección editorial: ángel jiménez

Primera edición: febrero, 2024

Édith Piaf, el gorrión de París / Lorca perdida.
© Manu Medina
© VdB, 2024
Espronceda, 5
28003 Madrid

VdB

ISBN: 978-84-119850-37-9
Depósito Legal: M-4370-2024
Diseño y preimpresión: Éride, Diseño Gráfico

Este libro protege el entorno

Édith Piaf
el gorrión de París

Lorca perdida

Manu Medina
Arucas
Las Palmas, Gran Canaria

Académico de las Artes Escénicas de España, autor del primer libro de pedagogía teatral para personas con -y sin- discapacidad, con estudios de interpretación teatral y técnico superior en integración social, entre otros. Creador y fundador del Teatro Brut, metodología de creación escénica para personas en exclusión social que se implementa en centros nacionales e internacionales. Director de más de veinte espectáculos teatrales en Paladio Arte, Cía. de teatro Brut, Aspaviento Teatro, Tarambana teatro, etc.

Imparte seminarios de teatro inclusivo en Argentina, formación de formadores en AISGE, Federación Nacional de Arte y Discapacidad, AEOS, Tarambana Teatro, Escuela Pública de Formación Cultural de Andalucía, Arts Escèniques I diversitat Funcional para el programa Erasmus + de la Unión Europea en países tales como Italia, Rumania, Turquía, etc. Asesor teatral para la fundación La Caixa, proyecto Caixa escena, director del Centro inclusivo de Artes múltiples de la comunidad de Madrid, Fundador de la asociación de arte inclusivo de Canarias, CIAM, para Te VEO, UNIMA, ISEP instituto superior de estudios sicológicos, ICAI- Universidad Pontificia Comillas Madrid, entre otros. etc. Como actor ha trabajado en Cía. de teatro de la Zarzuela, Cía. Nacional de Teatro Clásico, Teatro Español, etc.

En la actualidad es fundador y director de la sala BRUTA, director de Formación de Formadores de teatro inclusivo patrocinado por el Cabildo Insular de Gran Canaria a través de ADACEA (Asociación de Daño Cerebral Adquirido, de Gran Canaria.)

MANU MEDINA

Édith Piaf
el gorrión de Paris

Lorca perdida

VdB

Querido lector.

El libro que tienes en tus manos está compuesto por dos textos teatrales, ambas piezas en su puesta en escena han durado una hora cada una, estas son *Lorca perdida* y *Édith Piaf, el gorrión de París*. Las dos dramaturgias tienen en común que hablan de la mujer y del deseo de ser ellas mismas, y sin que sea a través del hombre.

Édith Piaf, el gorrión de París nos habla de una mujer que, a pesar de las vicisitudes y dificultades es capaz de liberarse de su condición de mujer en los años 30 para alcanzar sus más altos deseos, cantar, y ser ella misma, aunque en dicha contienda se le escape la vida.

En *Lorca perdida* son cuatro mujeres, todas ellas personajes creados por Lorca, Doña Rosita la soltera, Belisa, Yerma y Bernarda que se desprenden de su propio autor y de la época en la que fueron concebidas.

En mi vida como director y dramaturgo me ha interesado siempre la utilización del teatro y sus procesos como un espacio donde se vean reflejado las vidas de la comunidad/sociedad a la que pertenezco. Para el que os escribe es esencial anunciar, denunciar y mostrar todas las vidas, circunstancias, opresiones, etc. que me rodean, y en este caso, en el de la mujer, no menos importante.

Es verdad que el mundo de la mujer ha cambiado sustancialmente, pero también es cierto que por el camino se han perdido muchas vidas, y por las estadísticas parece ser que todavía hay vidas por perder.

Edith Piaf, el gorrión de París y *Lorca perdida* nos hablan de cómo se sienten las personas oprimidas por su género y también nos hablan de libertad y del sufrimiento que hay que pasar para, en definitiva «ser un@ mism@»

MANU MEDINA

Édith Piaf
el gorrión de París

Esta función se estrenó en la Sala Insular de Teatro -SIT-
de las Palmas de Gran Canaria el 23 de marzo de 2024 interpretada
por Paola Morales (ÉDITH PIAF).

Dirección: Manu Medina.

Pasaje a la tempestad.

Cada vez quedan menos gorriones en París. La ciencia culpa del declive a la contaminación, los insecticidas, al arboricidio y a la propagación masiva de ondas que los humanos usamos para comunicarnos y que, paradójicamente, dificultan que estas aves se localicen para reproducirse. Nuestro ruido provoca silencios. Existe sin embargo un trino que persiste y que surca el tiempo con la misma facilidad que exhiben las gabarras en su ensimismado y melancólico tránsito por el Sena.

Ni siquiera el progreso se ha apiadado de los infortunados gorriones. La vieja abundancia de edificios desvencijados, donde se arracimaban las clases empobrecidas, proporcionaba toda clase de recovecos y rincones destartalados para anidar. Por uno de esos reversos sombríos de la ville lumière se asomó al mundo en el año 1915 Édith Giovanna Gassion. El aleteo prodigioso de su voz sobre el paisaje de penurias y su apariencia frágil y desvalida la hicieron merecedora del apodo de Piaf, gorrión en francés. Hablamos de una época aún rebosante de estos pajarillos, destinados no obstante a sobrevivir apenas a uno o dos de los afilados inviernos parisinos.

Siempre tan ocupado en pensar demasiado y por lo general sin demasiado tino, tardé en darme cuenta de que la avecilla Piaf se había posado en muchos más árboles de los que había imaginado. Su vuelo cruza casi todos los cielos. Comencé a comprenderlo torpemente a los diecisiete años. El recopilatorio de la Piaf apareció con la sutileza del petirrojo, semioculto entre el follaje de vinilos y cedés de la tienda de discos de mi pequeña ciudad. Había volado desde su eternidad hasta aquel estante en un rincón del Atlántico medio frente a la costa del Sáhara.

Por aquel entonces buscábamos el reflejo de la rebeldía en la voz de Ozzy Osbourne con los Black Sabbath, la perfección vocal en Sam Cooke, la rabia profunda en los Sex Pistols, la reivindicación en Nina Simone, la emoción en Otis Redding y las señales primitivas en la caverna sonora de John Lee Hooker. De pronto, todo cabía en esta mujer que solo quería cantar, como insiste una y otra vez su personaje en el maravilloso texto de Manu Medina. Pronto hablaremos de ello. O lo haremos de otro modo, pues ya lo estamos haciendo, en vuelos concéntricos.

Lo cierto es que ahora ese gorrión se presenta a todas horas. Lo veo en la carrera artística y en la biografía de Anohni, emergido de las catacumbas de Nueva York y que hizo llorar a Lou Reed con su sobrecogedora voz. O en la canción que ha sonado justo antes de afrontar estas atrevidas líneas, 'El poder del arte', de Robe Iniesta, donde el líder de Extremoduro sentencia que «nada es impensable, nada es imposible, mientras suena esta canción…» Todo se transforma en eco de La Môme Piaf. «Solo quiero cantar… Déjame cantar…».

¿Oyen por cierto esos truenos obstinados? ¿Y ven los rayos cayendo como lanzas en llamas sobre el verde de la campiña inglesa? Como nada lo impide, nos encontramos ahora en el condado de Yorkshire, en los albores del siglo XIX. La súbita irrupción de una colosal tormenta ha ahuyentado a todo el mundo menos al pintor William Turner que, pese a las advertencias, se ha quedado en medio del campo abierto. Desea captar cada detalle de la tempestad para plasmar en sus lienzos esta mezcla de cólera y belleza. Hubo quien no le creyó, pero el propio artista aseguró que en cierta ocasión se hizo atar al mástil de un barco en plena tempestad.

Manu Medina es ese cazador de tormentas. Y la biografía de Édith Piaf supone quizás la tormenta perfecta. El autor ha regresado de una travesía que lo llevó hasta el mismísimo ojo del huracán. En su vuelta a puerto, podía haber optado por mascullar para sus adentros lo que vio, como esos capitanes que creyeron ver sirenas, monstruos marinos, barcos fantasmas, o el abismo donde se derraman los cinco océanos, pero prefirieron permanecer callados frente a una jarra de vino, en la mesa del rincón sin iluminar de la taberna, para no exponerse a ser tachados de dementes.

Manu ha querido contarlo y mostrar los tesoros literarios que encontró en los galeones hundidos en las profundidades de los Siete Mares de Piaf y en playas desiertas barridas por los temporales. Es más, nos invita a enrolarnos en su navío y adentrarnos junto a él en este mar de corrientes traicioneras y olas emocionales que se alzan al cielo como una garra justo antes de cerrarse en un puño y precipitarse con toda su fuerza sobre nosotros.

No es desde luego un viaje fácil ni exento de peligros. Es el Cabo de Hornos. Pero no teman. El capitán maneja el timón con sabiduría y pulso firme, como ha hecho en empresas literarias anteriores. Y siempre ha retornado para contarlo. Solo hay que dejarse llevar, alcanzar el corazón de la tormenta sin fin que vivió Piaf y sentir su intensidad. Es un privilegio que solo puede experimentarse de la mano de creadores que combinan el conocimiento del alma de los personajes, el sentido dramatúrgico y el talento literario. ¿Quién en su sano juicio querría

quedarse en tierra y ver zarpar el velero con la tranquilidad de los pusilánimes?

Este libro confirma que Manu Medina es también una suerte de espeleólogo de las emociones humanas, en especial de las femeninas. Por eso el gorrión Piaf ha descansado confiado en sus ramas. Manu es vida atrayendo vida. Busca historias constantemente. Habla con los niños, conversa con la gente mayor cuando sale al campo y practica el desacostumbrado arte de preguntar a los demás por sus vidas, como un verdadero amigo, no como un entomólogo. Dejen los insectos a los gorriones, a ver si así regresan a París.

Lectora, lector… Este libro es una pequeña joya cuyo brillo atraviesa el barro que la envuelve. Le va a doler. Le va a conmover. Le hará sentir en sus propias carnes las heridas causadas por la panoplia de infortunios que conoció Piaf, de quien divisaremos nuevos paisajes gracias al catalejo que Manu nos presta.

Había muchas maneras de acercarse a ella. Manu lo ha hecho con tal sinceridad y delicadeza que el gorrión, en lugar de alzar el vuelo y huir, se ha quedado entre sus palmas, dejándose acariciar mientras tiembla de hambre y frío, dolorido, pero ya sin miedo. Justo en este momento, Manu alza las manos y las abre lentamente para que vuele de nuevo en el aire de estas páginas.

Gregorio Cabrera.

Personajes

E<small>DITH</small> P<small>IAF</small>

1

La acción se desarrolla en un espacio tiempo atemporal, la escenografía consta de una estructura metálica en forma de andamio y pintado de negro con un columpio colgando del mismo y a un lado un marco de luces imitando las luces de un camerino. En el centro de la escena una gran alfombra circular roja, con un taburete y un sostenedor de chaquetas. En el fondo un tocadiscos. En off y mientras la actriz entra arrastrando una estructura con un marco de luces incrustado.

ENTREVISTADOR (*Voz en Off.*) ¿Cuál es su color favorito?

ÉDITH PIAF (*Voz en Off.*) El Azul.

ENTREVISTADOR (*Voz en Off.*) ¿Cuál es su plato favorito?

ÉDITH PIAF (*Voz en Off.*) Carne a la cacerola.

ENTREVISTADOR (*Voz en Off.*) ¿Aceptaría vivir una vida sensata?

ÉDITH PIAF (*Voz en Off.*) Así es mi vida.

ENTREVISTADOR (*Voz en Off.*) ¿Quiénes son sus más fieles amigos?

ÉDITH PIAF   *(Voz en Off.)* Mis verdaderos amigos son todos fieles.

ENTREVISTADOR   *(Voz en Off.)* ¿Si no pudiera cantar?

ÉDITH PIAF   *(Voz en Off.)* No podría vivir.

ENTREVISTADOR   *(Voz en Off.)* ¿Le tiene miedo a la muerte?

ÉDITH PIAF   *(Voz en Off.)* Menos que a la soledad.

ENTREVISTADOR   *(Voz en Off.)* ¿Usted reza?

ÉDITH PIAF   *(Voz en Off.)* Sí, porque creo en el amor.

ENTREVISTADOR   *(Voz en Off.)* ¿Cuál es el recuerdo más entrañable de su carrera?

ÉDITH PIAF   *(Voz en Off.)* Cada vez que se levanta el telón.

ENTREVISTADOR   *(Voz en Off.)* ¿Su recuerdo más entrañable como mujer?

ÉDITH PIAF   *(Voz en Off.)* El primer beso.

ENTREVISTADOR   *(Voz en Off.)* ¿Le gusta la noche?

ÉDITH PIAF   *(Voz en Off.)* Sí, pero con mucha luz.

ENTREVISTADOR   *(Voz en Off.)* ¿El amanecer?

ÉDITH PIAF   *(Voz en Off.)* Con piano y amigos.

ENTREVISTADOR   (*Voz en Off.*) ¿La tarde?

ÉDITH PIAF   (*Voz en Off.*) Para nosotros es el amanecer.

ENTREVISTADOR   (*Voz en Off.*) Si tuviera que darle un consejo a una mujer, ¿cuál sería?

ÉDITH PIAF   (*Voz en Off.*) ¡Que ame!

ENTREVISTADOR   (*Voz en Off.*) ¿A un joven?

ÉDITH PIAF   (*Voz en Off.*) ¡Que ame!

ENTREVISTADOR   (*Voz en Off.*) ¿A una niña?

ÉDITH PIAF   (*Voz en Off.*) ¡Que ame!

ENTREVISTADOR   (*Voz en Off.*) ¿Para quién teje?

ÉDITH PIAF   (*Voz en Off.*) Para quien usará mi suéter…

(*Llega al centro de la alfombra roja.*)

1. Mi muerte.

Coge del suelo un periódico y lee de manera indolente.

Octubre de 1963 el cuerpo de Édith Piaf llegó al cementerio de París. Tenía cuarenta y seis años. Estaba arruinada y parecía una mujer mucho mayor por las malditas drogas. Su vida estuvo marcada por el peor de los dramas y ese dolor se convirtió en arte, en belleza, a través de sus canciones. Su trayectoria fue dando giros y tumbos, entrelazando pequeñas victorias con sonoros golpes. Poco antes de morir dio una entrevista donde se mostró sin ningún tipo de careta. «Si volviese a vivir haría lo mismo» (*Mirando el público.*), respondió al periodista que le preguntaba por sus arrepentimientos.

(*Leyendo en el periódico.*) Su legado, sin embargo, permanece. Nadie cantó al amor como ella.

(*Mirando el público.*) Nunca fui una buena madre, ni buena amiga, ni buena hija. Solo el escenario supo de mí, cuando alzo la voz, las prisas me aceleran el paso, mi garganta se convierte en un juicio sonoro, no quiero ser portavoz de mentiras calculadas, no quiero ser representante de las falsificaciones de otros que cantan a gritos para hacerse oír. Yo soy cantante a mi pesar, no soy más que lo que la vida me regaló, un puñado de emociones con colores y serenatas, con aroma de derrota.

2. Melancolía.

Maquillándose, preparándose para salir al escenario.

Yo no suelo llorar.
Tal vez alguna vez.
Yo, yo, yo… y no suelo reír.
Tal vez alguna vez.
Dicen que llorar y reír son las dos caras de
                        una misma moneda.
Por esas mismas monedas no quiero
                      volver atrás.
Noches con niebla.
Torres de familia.
Sacudiendo la puerta.
¡Lina, Lina ábreme la puerta!
¡Ábreme la puerta!
¡Ábreme la puerta!
¡Ábreme la puerta, Lina!
El alcohol se abría paso entre plato y plato.
Y una canción vieja con el carmín corrido
teñía de enfermedad a mis progenitores.
Él: Hoy no tenemos nada para comer.
Ella: Te dije que me hicieras caso que…
Él: Tú fuiste la primera en no aparecer, estaba
        todo preparado, ya lo tenía amordazado.
Ella: ¿Para luego qué… para escapar a dónde?
        Yo no quiero escapar, yo no quiero escapar.

(*Hace el ademán de haber recibido una bofetada.*)

Déjame ir contigo.
¡Qué luna esta noche!…
Es buena luna, no se marcarán mis canas.
La luna hará que mi pelo vuelva a ser
                                  dorado.
¡No te darás cuenta!
Solo quiero cantar.
Déjame cantar.

(*Sintoniza la radio hasta que se escucha* «La
Bohème».)

Porque si canto en noches bañadas por la
luna las sombras inundan mis canas.
Y que mis manos rotas corran las cortinas.
Que un dedo escriba palabras olvidadas en
el polvo que cubre mi cara.

(*Mientras se maquilla.*)

No quiero verlas… ¡Cállate!
Solo quiero cantar.
Déjame cantar.

(*Dando vueltas sobre sí misma se pierde, como
embriagada.*)

Solo un rato, hasta olvidarme de mi misma,
y esconderme tras esa curva que parecen
bambalinas, de aire, de luces, de butacas.

Blanqueada de tablas viejas.
Uñas desgastadas por las voces de mi
                    garganta.
Cantos miles, cientos, millones de cantos.
Uno dos y tres, uno dos y tres, uno dos
                    y tres…
Tantos, que finalmente puedo creer que existo o que no existo, que jamás he existido, que mi voz y sus secuelas no han vivido…
Solo quiero cantar.
Déjame cantar.

(*Deja de dar vueltas sobre si misma. Hace como si recibiera una bofetada. Dice el texto muy deprisa. Fondo sonoro rápido.*)

Un transeúnte muy elegante se paró a escucharme. Este hombre resultó ser Louis Leplée, propietario del cabaret Gerny's, uno de los más conocidos de París. Tras una pequeña prueba, fui contratada de inmediato. Mi éxito no tardó en llegar y fuí conocida como «Môme Piaf» («pequeño gorrión»). El propio Leplée me instruyó para convertirme en una gran figura del cabaret. Era 1937, y había nacido una nueva estrella: yo Édith Piaf.

Sin embargo, la vida volvió a castigarme, a mí, a la joven Piaf, ya que Leplée fue encontrado muerto de un disparo, todos me acusaron. ¿Qué había hecho yo?, ¿qué había hecho yo? Todos me dieron la espalda.

(*Bofetada.*) Volví a mezclarme con los barrios bajos de París, cantando en tugurios, y llevando una vida desordenada, y regresando a mi casa.

Solo quiero cantar.
Déjame cantar.

(*Se sienta en el escenario, con las piernas colgadas al foso.*)

Nos vamos a sentar un rato sobre el escenario, en esta pequeña colina y esperar que nos llegue un soplo de brisa de voz de cielo.

Nací el 19 de diciembre de 1915 en el patio de la comisaría de mi barrio Belleville, de París.

Soy hija de un acróbata y de una italiana, Line Margrant, cantante de cafés, que solo sabía estar borracha.

Trabaje en la compañía de mi padre hasta que me dejaron al cuidado de mi abuela, estos solo vivían para sus giras por los pueblos de la campiña francesa.

Mi abuela Clarissa me crio con vino en lugar de agua, (*Mientras bebe de su petaca.*) pues decía que esta era «mala» para el cuerpo; mi tía vivía con ella, dirigía un burdel.

El único gesto amoroso de mi abuela fue llevarme a la iglesia de Santa Teresita de Lisieux y encomendarme a la virgen. Ja, ja, ja, ja.

Con quince años me trasladó a París, donde me ganaba la vida como cantante en las calles y en los cafés.

(*Agotada.*)

Solo quiero cantar.
Déjame cantar.

(*Se pone una bata blanca. Sale del camerino y atraviesa el marco de luz. Canta su primera canción, «Mon dieu» de Michel Vaucaire. Cuando termina regresa al centro del camerino. Se quita la bata blanca y comienza a vestirse.*)

3. La vejez.

Comienza a vestirse poniéndose primero el gorro frente al público como si este fuera un espejo. Se acerca al perchero.

¡Lo sé!, todos seguimos nuestro camino, y en solitario, en el amor, en la pasión en la gloria, y en la muerte. Ya lo sé. Lo he probado. No sirve, no me sirve...
Esta vida está encantada (*refiriéndose a su cuerpo*), me está echando a patadas.

(*Refiriéndose a su cuerpo.*)

Los huesos se sueltan.
Mis muslos caen buceando en el vacío.
Y mis labios se desploman.
El silencio cae de mis rodillas.
Como cae un pedazo de luna sobre esta
          vieja cantante destripada.
Un cuerpo extraño no quiere visitar mi
          vientre.

(*Se pierde embriagada.*)

Podía sentarme, con los ojos cerrados, una hora tras otra, y soñar... cualquier cosa.
Soñar que soy feliz.

Imaginar que nada paso.
Delirar con una vida buena.
Dormir con los lazos de la seguridad.
Evocar una vida con risas.
Sin llantos, sin cantos, ¡sin cantos!
No.
Solo quiero cantar.
Déjame cantar.

(*Saca un pañuelo blanco de la cartera, juega con él como si este tuviera alas.*)

Como un pañuelo blanco quise ser.
Como un gorrión, atesorando, guardando,
                      mi vida joven.
Desde siempre me han fascinado los
                      pañuelos viejos.
¿Cómo yo?

Para guardar historias, semillas de flores,
o manzanilla recogida en el campo al atardecer.

(*Se cubre la cara con el pañuelo.*)

Un pañuelo que me cubra la cara llena de
estrías para hacerle cuatro nudos.
Ni tampoco para limpiar gafas, jamás las
he necesitado.

(*Con furia saca pañuelos de entre las fajas.*)

No quiero ver, ¿para qué?
No quiero oler ¿para qué?
No quiero comer, ni bailar, ni sentir...
¿para qué?
Solo quiero cantar.
Déjame cantar.
Escondida tras los años, replegada en mis
arrugas.

Los pañuelos no son solo un capricho, son
necesarios para tapar el rostro y así mantener mis dedos ocupados.

(*Se oye una respiración profunda. Cae ren-
dida en el suelo, agotada. Se auto aplaude.
Saluda al público majestuosamente.*)

Gran actuación Édith Giovanna Gassion,
gran actuación.

4. La violación.

No, no, por favor, por favor, estate quieto…, así no me dejas ni respirar… pero con un poco más de…, ¿cómo diría yo?… ¡Que me estas aplastando! Quítate…, ¡basta! Me estas mojando la cara…

De acuerdo, sí, ya comprendo. Mi primera experiencia. La primera… No la recuerdo, recuerdo la segunda… Pues no, la primera no la recuerdo porque era demasiado pequeña…, me la contó mi madre durante una escena con mi padre, y así me enteré de que él, mi padre, había tratado de…, pero yo no me acuerdo… No, nada de traumas, yo quería a mi padre. ¿«Que me poseen»?… Pues eso, ¡primero me poseen y luego…! Sí, sí, sigamos. ¿Quién? ¿Cuántos? ¿Dónde?

No me muevo, no grito, no tengo voz.
Hay una radio sonando. Pero la oigo solo después de un rato.
Solo después de un rato me doy cuenta de que hay alguien que canta.
Sí, es una radio. Música ligera: amor cielo estrellas corazón dulce amor…
Siempre hay música, siempre hay una voz, siempre.

Mamá me ha dicho que venga a verte, pensé que estabas trabajando, que estabas…
París no es un lugar seguro, como siempre nunca estoy en un lugar seguro. Papá me compras unos zapatos; sí, papá, que tengas dulces sueños.
No sé por qué. De pronto me doy cuenta de que mi padre es zurdo.
No entiendo nada de lo que me está pasando.
Estoy perdiendo la razón, la voz…, la palabra.
¡Dios mío, qué confusión!
El corazón, me late con tanta fuerza contra las costillas que me impide hablar. Estoy obsesionada por estos pinchazos en el vientre, que se está volviendo insoportable. ¿Por qué me retuerzo tanto?
Estoy como congelada.
Solo tengo una imagen que acude a mi mente.
No me muevo, no grito, estoy sin voz…, no comprendo qué me ocurre.
La radio canta, no demasiado fuerte.
¿Por qué la música? ¿Por qué ahora la han bajado o… subido?
Quizás porque no grito.
Lo miro, no hay mucha luz. Ni demasiado espacio. Quizás por eso me tiene medio tumbada.

(*Se enciende un cigarrillo.*)

¿Qué quiere decir? ¿Fuma? ¿Ahora? ¿Y por qué me sujetan así?

Va a ocurrir algo… Respiro a fondo… dos, tres veces.

No, no me despejo. No comprendo. Solo tengo miedo. Ahora se me acerca, se sienta. Sí, va a ocurrir algo. Lo siento.

De esta sensación me distrae algo que al principio no logro situar…, es un calor, primero tenue, luego más fuerte, hasta hacerse insoportable, en el pecho.

Una punta de quemazón.

Yo no consigo hacer nada, ni hablar, ni llorar. Me siento como proyectada hacia fuera, asomada a una ventana, obligada a mirar algo horrible.

La carrera por la ciudad se detiene justo al tiempo de que yo baje. Salgo corriendo, ¿pero a dónde voy? Mi casa es la casa de mi padre.

Me encuentro en la calle, sujeto con la mano mi vestido de niña. Está casi oscuro, ¿dónde estoy? Plantas, verde, prado. Estoy en el parque.

Me apoyo en un banco del parque, me siento mal, creo que voy a desmayarme, no solo por el dolor físico, en el cuerpo, sino por el …

Me dejo caer al suelo. Apoyo la cabeza en el árbol, y me doy cuenta de que hasta el pelo me hace daño.
Camino, doy vueltas…

5. La niñez.

Comienza a vestirse.

«Mi vida de niña puede parecer espantosa,
pero era hermosa... pasé hambre... pasé
frío... pero era libre.... Libre de no levan-
tarme... de no acostarme... de emborra-
charme... de soñar... de esperar».
Cuando canto me siento bien, algunas personas se ponen a llorar, pero para mí es
como recuperarme de lo cotidiano.
Agarrada de la mano de mi pequeña voz,
voy danzando, como una niña jugando.

Perdóname esta palabrería... también como
una niña me desquebrajo.

Dicen que no fui feliz, ja, ja, ja, ja, ja... in-
digente y necesitada, pero rica en favores,
en canciones, en relatos y amores. Cuen-
tos, novelas, quimeras, llantos y llantos y
llantos y llantos, lamentos, penas, lamentos, suspiros.
Hoy mis canciones están llenas de rabia y
amor, de furia y afecto, de devoción y cólera.

De una niña abandonada y recogida por la música, solo quedan canciones, los saltos con los pies descalzos recogían notas de los adoquines, todo era música, brincos en el aire donde una nota musical me salvaba de las palizas de un contorsionista. Recuerdo que en el mercado los voceros llegaban a componer una de las mejores melodías, y los herreros afinaban sus navajas para que yo pasase entre la muchedumbre.

Yo Édith Giovanna Gassion, nací en plena calle debajo de una farola frente al número 72 de la calle de Belleville, en París.

Mi madre, al ser demasiado pobre como para criarme, me confía a su madre, Emma (Aïcha) Saïd Ben Mohammed de origen argelino, quien, en vez de darme leche en el biberón, me alimentaba con vino, con la excusa de que así se eliminaban los microbios. Ja, ja, ja, ja. Después me entregó a mi padre, cuando estuvo a punto de ir al frente en la Primera Guerra Mundial, lo obliga a dejarme con su madre (mi abuela), dueña de una casa de prostitución en Bernay, Normandía, donde soy criada por las prostitutas de la casa.

Quién da más.
Solo quiero cantar.
Déjame cantar.

6. El amor.

Danza con varios metros de seda y con el ventilador encendido.

Grandes hombres se han sentado conmigo, gente de altos vuelos y aspiraciones, ¿cómo tú?, ¿cómo tú?, o... ¿cómo tu? (*Señalando al público,*) o... como yo.
Y ahora quiero descansar bajo tierra, sin que me preocupe ni la lluvia ni la luna...

(*Canta* «L'hymne à l'amour».)

(*Espacio sonoro.*)
Desmayarse, aventurarse, estar rabioso,
ácido, frágil, libre, arisco,
alegre, letal, cadáver, vivo,
leal, infiel, muerto y resuelto;

No estar hambriento y sereno,
cubierto, alegre, deprimido, bendecido y humilde,
con ira, ganador o prófugo,
complacido, vejado, temeroso;

Escapar de la mentira y vivir sin esperanza,
tragar veneno en vez de agua fresca,
olvidar la mentira e ignorar la ira;

Aceptar que un monstruo en una noche cabe.
Ceder a la fuerza el llanto de una decepción;
esto es deseo, quien lo certificó lo creó.

Yo me enamoro fácilmente.
Me dejo llevar solo si encuentro una respuesta.
Cualquier hombre me ronda egoístamente.
No quiero una conquista más, un amigo más.
Una pieza cazada, pero sin casarse, me han tenido, como una cosa, como...
La satisfacción de la conquista, la presa, la ocupación y los asedios y batallas, ¡malditos amores!, ¡malditos encuentros!
Muchas veces el fuego se convirtió en llamas.
Herida de muerte por engaños y artificios.
No puedo protegerme.
No se protegerme.
Me da miedo protegerme.
Me acerco a ti para estar contigo.
¡Maldito adolescente!
Pero nunca estoy en ti porque TÚ no has querido.
No quiero ir contigo, pero tampoco sin ti.
No quiero ir contigo.
No quiero ir contigo.

No quiero más admiración.
Dios mío, qué ojos, parecen estrellas.

Ya es tarde, lo sé...
No quiero ir contigo, porque tantos años,
días y noches y atardeceres carmesíes, he
estado sola, implacable, sola y abandona-
da en el deseo.
Escribiendo versos gloriosos en mis rodi-
llas.
Versos que te lo aseguro, quedarán como
grabados en mis canciones.
Más allá de mi vida, y de la tuya también,
mucho más allá.
No es suficiente...
No quiero ir contigo.
Este cuerpo no me soporta más.
No aguanto llevarlo encima.
Sostengo mi piel con todas mis fuerzas.
Sostengo tu aliento con mi propio peso.
Sostengo mi voz con tus caricias y derrotas.
Sostengo el silencio con oído sordos.
Sostengo tu hombro bajo la viga de mi pro-
pio cuerpo destrozado, por el equilibrismo
y el alcohol.
Y el piano, cerrado como un féretro ne-
gro... No me atrevo a abrirlo.
Siempre atento, atento, que no caiga nada,
que no te caigas tú... No lo soporto...
No quiero ir contigo.

7. Barbitúricos.

Un poco borracha. Se toma pastillas. Se escucha de fondo «Padam Padam», volumen bajo.

Soy ligera, vivo en un escenario y allí me reúno a diario.
Hoy me doy cuenta que me han robado,
eso no me gusta,
años y años, engañada.
Me han dado ni se sabe qué, dicen que es bueno, que me hace olvidar,
que no envenena, que la vida se la coge si esta llena.
¡Pero llena!
¿De qué?
¿De ideas falsas?
¿De escapes sin salida?
¿De noches locas?
¿De aparentes sonrisas?
¿De mentirosos, farsantes, drogueros, de patrañas, falsos, chapuceros, impostores, chismosos, pedantes y noveleros?
¡Sin ti no puedo vivir, pero contigo tampoco!
Si me miro al espejo, así es como me veo.
Ahora soy esclava...
Cuando me despierto a veces me levanto cansada, mi memoria se va, pero nunca, nunca, nunca en el escenario.

(*Tararea un trozo de* «Padam, Padam» *de Henri Contet.*)

Hoy he elegido ser feliz
y disfrutar del rayo de sol que me despierta en la mañana,
del cantar de los escenarios,
del suave cobijo con el que despierto,
del sutil susurro de una música olvidada.
Hoy he elegido ser feliz
y amar cada canción que se me presente,
disfrutar de cada instante que actúo,
admirar a cada butaca que se cruza en mi camino.
Hoy he elegido estar aquí, pues no es muy tarde ni muy temprano.
Aquí, no importa que silenciosa camine en el vaho de la noche, en mis zapatillas he colocado una piedra, para que cuando pise el teatro me dé cuenta de cada paso.
Algún cristal se está rajando, o algún espejo del camerino me está avisando.
Se oyen pasos, no son los míos. Es el regidor.
Cinco minutos.
Y si te pones a mirar en este espejo, o en el otro por detrás del polvo y las rajas, diviso mi rostro cada vez más borroso y fragmentado.
El carmín de la cantinela brilla en el espejo como una navaja circular, ¿cómo puedo llevarlo hasta mis labios?
Aunque no quiera, ¿cómo llevarlo hasta mis labios?

8. La gloria.

¿Ves? Todavía me quedan ganas de cantar... Eso es lo que me queda, eso es lo que me asegura todavía que sigo viva...
(*Mira en el bolso.*) El colorete, la sombra de ojos, el pinta labios, el difuminador... no falta nada, nada, nada...

(*Canta* «Padam, Padam» *de Henri Contet.*)

A veces, al anochecer, tengo la sensación de que detrás de la ventana solo hay aplausos, aplausos que nacen de la fuerza que me produce el dolor, la soledad, el desconsuelo, la angustia, la congoja, el tormento.
Sé que no puedo ganar. El amor, la vida, los amigos, lo cotidiano es para mí una ruleta rusa. Nadie ama quien soy. Están enamorados de mi dolor, de mi llanto, de las luces del escenario. Levanto polvo en las calles del barrio, pero nunca en mi casa. Yo no seré recordada por el número de veces que he fracasado, sino por el número de veces que me aplauden. Todos conocen mi nombre, pero nadie sabe quién soy, todos quieren saber quién soy. Entre aplausos me siento como espuma en la corriente de la vida, ligera, rápida, veloz,

ágil, presurosa, acelerada, activa, diligen-
te... VIVA, VIVA, VIVA.

(*Eufórica.*)

Solo aquí me siento viva, solo aquí vivo,
solo, solo aquí me siento viva, sola, sola,
sola.
Mi vida fue dando giros y tumbos, entrelazando victorias con sonoros golpes, y me
fue pasando factura, adicta a la morfina, al
alcohol que siempre me acompañó, fieles
amigos estos.

(*Bebe de la petaca.*)

Sí, soy extrema, me atraen los aconteci-
mientos y personajes extremos. Soy inteli-
gente y sensible, muy testaruda, con una
mezcla de desesperanza y tiranía.

(*Se ríe.*)

Soy, soy, soy, soy, soy, soy, soy, soy, soy.
LO QUE SOY.
Solo el éxito tiene doble cara, y una de ellas
es el castigo.

9. Pierde el conocimiento.

Se pierde entre las letras de las tres cancio-
nes que se canta en este espectáculo.
Canta «Non, je ne Regrette rien».

(*Al micrófono.*)
¡No!
No me arrepiento de nada.
No.
Ni del bien que se me ha hecho.
¡Ni de lo malo, todo me viene igual!

No.
¡Dios mío! ¡Dios mío! ¡Dios mío!
Déjamelo a mí.
Un poco más.
¡Mi amor!
Un día, dos días, ocho días…
Déjamelo a mí.
Un poco más.
Mío…

¡No! Nada de nada.
¡No! No me arrepiento de nada.
Está pagado, barrido, olvidado.
No me importa el pasado.
Hora de adorar.
Tiempo de construir.

Recuerdos.
¡Dios mío! ¡Oh, sí... Dios mío!
Déjamelo a mí.
Llenar un poco.
Mi vida...

¡No! Nada de nada.
¡Dios mío! ¡Dios mío! ¡Dios mío!
Déjamelo a mí.
Un poco más.
Mi amor.
Seis meses, tres meses, dos meses...
Déjamelo a mí.
Para solamente.
Un mes...

¡No! Nada de nada.
Porque mi vida, porque mis alegrías.
Es tiempo de empezar.
O, para terminar.
Hora de iluminar.
O sufrir.

¡No! Nada de nada.
¡Dios mío! ¡Dios mío! ¡Dios mío!
Aunque me equivoque.
Déjamelo a mí.
Un poco...
Aunque me equivoque.
Déjamelo a mí.
De nuevo...

¡No! Nada de nada.

Con todos mis recuerdos.
Muy atrás están los amores.
Y sus temblores.
Muy atrás para siempre.
Comienzo de nuevo en cero.

¡No! Nada de nada.
Ni del bien que se me ha hecho.

Este aire que me obsesiona día y noche.
Esta melodía no nació hoy.
Viene de tan lejos como yo vengo.
Arrastrado por cien mil músicos.
Un día esta melodía me volverá loca.
Cien veces quise decir por qué.
Pero me cortó.
Todos siempre hablan antes que yo.
Y sus voces cubren mi voz.

¡No! Nada de nada.
Escucha lo ruidoso que me hace.
Como si todo mi pasado pasara.
Tienes que guardar la pena para después.

10. Me arrepiento.

Sí, amigo mío, me arrepiento. (*Gritando*.) Te he dicho que me arrepiento.
Me he acostumbrado a vivir muchos años fuera de mí, pensando cosas que estaban muy lejos, y ahora que estas cosas ya no existen, sigo dando vueltas y más vueltas por un sitio frío, buscando una salida que no he de encontrar nunca. Yo lo sabía todo.

Ya soy vieja. Ayer oí decir que todavía podía cambiar y ser otra. De ningún modo.
Ya perdí la esperanza de serlo con toda mi sangre.
Soy lo que soy, ya que no soy más… que lo que veis.

He vivido movida por los rayos de luz de los focos.
He habitado miles de historias a través de mis canciones.
He abrazado la muerte, el amor, la ira, la felicidad, la tristeza entre estrofas y pentagramas.

He amado a manos llenas, a golpes de un piano, a tropiezos, a palos…

Aprendí actuando, superando la esclavitud.

(*Refiriéndose a su cuerpo.*) Esta vida me está ahogando.

Me derrumbo y huelo mi aliento subiendo, subiendo.

Quizás alguien se está ahogando.

11. La muerte.

Espera un momento, déjame coger mi cha-
queta (*Coge el abrigo.*) que la muerte se lo
lleva todo y tengo frío. Hace algunos años
que ya no estoy aquí...

Estar en la muerte es pensar en memorias,
recuerdos, en lo que ya no existe, en los
que ya no existen.

Al saber que me muero me siento distan-
te, lejana, como si yo misma cogiera a la
muerte en brazos.

Hay canciones que dicen que el dolor nos
hace grandes, que nos fortalece, que no hay
carga de dolor en este mundo que no trai-
ga como recompensa alguna gratificación.
Eso es mentira, el dolor es injusto y nosotros,
cual premio de consolación, le hemos atri-
buido un valor romántico.

Para prueba de eso estoy yo, si bien el dolor me moldea, jamás me trasforma en algo
mejor, me hace más fría, me forja corazas
de armazón que son más carga de defen-
sa que propia ganancia. El dolor me arre-
bata, poco a poco, cada cosa que creía mía,
incluso mi propio canto, mi vida, mata

lentamente hasta dejarme siendo un minúsculo, insulso, fragmento de lo que solía ser.

La muerte lo mata todo y, tras de sí no deja nada, solo trae a cambio cosas peores. La muerte solo deja novedades. Pero lo nuevo es caos, lo nuevo es soledad, espacios vacíos que jamás podrán ser habitados, corazones que jamás volverán a amar, lugares contaminados que se extienden como virus y que cada vez me dejan más sin sitio al que llamar hogar.

Con la sombra de la muerte extraño lo que no me pertenece, extraño sentirme bien, extraño sentirme amada y dichosa. Me creo dueña de mis momentos, cuando la verdad es que, los momentos son solo eso, momentos. De lo único que soy enteramente dueño es del sentir. Y todo esto no está mal, a fin de cuentas, somos humanos y nuestra mayor ventaja es la capacidad de errar, errar una y otra vez hasta que, errar, ya no sea una opción.

La muerte vino y se fue, como un tren en un andén al que jamás regresara. En el tren aquel se fueron abordo todos aquellos a quienes no pude acompañar, todas esas cosas que ya no voy a poder hacer, tanta posibilidad descartada.

(*Música* «La boheme».)

No quiero morir muerta.
No quiero sentirme atrapada en el qué
                                    dirán.
Que no quiero, que si quiero, que no quiero.
Que si, no quiero vivir dejando la vida pasar.
No quiero respirar la vida de los otros.
Que no quiero que me susurren más
                                    mentiras.
Que sí quiero.
Que no quiero.
Que sí quiero.
Que no quiero que me sellen la lengua y
                        los ojos con mentiras,
que sí quiero,
que no quiero,
que sí quiero,
que no quiero que me sepulten con
                                    chismes,
que sí quiero,
que no quiero,
que sí quiero.
No quiero ser suegra, hija, madre,
                        hermana, amiga…
Quiero cantar, gritar, no, no, no, no….

(*Llora.*)

Quiero, quiero, bailar borracha a la luz de
                                    la luna.
Que no quiero,
que no quiero,

que no quiero.
Debo morir, sí.
Pero estando viva.

(*Cae al suelo muerta y apagón.*)

Telón.

MANU MEDINA

Lorca perdida

Esta función se estrenó en la Sala Bruta de las Palmas de Gran Canaria
el 16 de diciembre de 2023 interpretada por
Lola Cordero (ROSITA), Paola Morales (BERNARDA), Itziar Vaquero (Belisa)
y Paky Suárez (YERMA).

Dirección: Manu Medina.

Lorca Perdida.
Un viaje desde la opresión a la libertad de la mujer.

Antes de incorporarme como coreógrafo a los ensayos del espectáculo *Lorca Perdida*, mi primer contacto con el proyecto escénico fue a través de un póster que avanzaba el próximo proyecto en la Sala Bruta de Teatro en Las Palmas de Gran Canaria. Era un dibujo muy especial y colorido de Lorca en donde me conmovió mucho que derramara lágrimas azules. Un avance plástico de lo que después tendría el placer y conocería muy a fondo gracias a su autor y director, Manu Medina y sus cuatro maravillosas actrices: Paola Morales, Lola Cordero, Itziar Vaquero y Paky Suárez.

La génesis del texto dramático es una idea que su creador venía pergeñando hace veinte años: apasionado de Lorca, y de sus personajes femeninos, que lo han cautivado por la profundidad de la tragedia que desarrollan, pero al mismo tiempo sintió que las tenía que liberar de sus «propias condenas». Todo un reto.

Elige a Belisa (*Don Perlimplín con Belisa en su jardín*, 1929), Yerma (1934), Rosita (*Doña Rosita la Soltera*, 1935) y Bernarda (*La Casa de Bernarda Alba*, 1936) todas ellas personajes Lorquianos «de primer nivel». El texto además de incluir a esos cuatro personajes se apoya en el cancionero Lorquiano: *Marcha la saeta a los gitanos, Anda Jaleo, La luna vino a la fragua, La señorita del abanico, Et lux perpetua luceat eis, Por las orillas del río, Arrorró mi niño, El lagarto y la lagarta*. Canciones que, junto a invitaciones al baile, finos guiños a la comedia del arte nos dirigen en la lectura hacia un espectáculo integral. La tragedia de Lorca dialoga con la comicidad de Manu Medina y en ese intercambio las escenas se suceden con la dureza del drama y el frescor de la comedia.

> Bernarda: qué escándalo es este en mi casa! Y con el peso del silencio del calor. Tendríais que haber procurado que todo estuviera más limpio para recibir el duelo.

Todos los personajes cargan con sus prejuicios en una sociedad, caso de Bernarda, brutal y de cortijo.

> Bernarda: lo que mi marido me mandó a mí, yo te lo mando a ti, hilo y aguja para la hembra, látigo y mula para el varón. Eso tiene la gente que nace con posibles...

Bernarda, al igual que las otras tres protagonistas, tienen «su momento» en el diálogo coral, un constante intercambio en toda la obra.

> Bernarda: ¡callaros todas! A la mujer se la doma como un animal, se la lleva al redil, esta sirve para la crianza y el cuidado del hogar. Todas callan y nada dicen.

Manu Medina nos proyecta una historia de mujeres alienadas, reprimidas y oprimidas por una sociedad patriarcal.

También, irán apareciendo muestras de violencia contra las mujeres como en la maternidad, en el juicio público, en la sociedad, en la sexualidad... Pero en ese duro transcurrir el drama se va convirtiendo en esperanza. La oscuridad va cediendo a la claridad, el derrotismo a la esperanza.

Señalar que los personajes, en momentos, abandonan el personaje y se convierten fugazmente en las actrices que son. Situándonos en una zona de confort y de contraste, lo que se denomina meta teatro que es una obra dentro de otra. Y le viene muy bien a la narrativa dramática.

Lorca Perdida es un texto que atrapa, engancha, tiene todos los condimentos para poder ser un espectáculo total. Y doy fe de que así ha sido.

Disfruten de la lectura.

Óscar Millares.
Trabajador de la cultura.

Personajes

BELISA

YERMA

BERNARDA

ROSITA

Escena 1. Entrada bajo palio.
Belisa, Yerma, Bernarda y Rosita.

La escena está totalmente a oscuras, a continuación, se oye mucho murmullo, se enciende la luz poco a poco, el murmullo va creciendo, y en su momento álgido se oye el tema «Una saeta al cantar al cristo de los gitanos» instrumentalizada.

BERNARDA, BELISA, ROSITA y YERMA, portan un palio, con un pelele encima de él, rodean la escena, a partir de estos elementos se creará una coreografía. Dando paso a la escena siguiente, se quedarán ROSITA y BELISA, YERMA y BERNARDA se aforan.

Entran los cuatro personajes hacia el escenario, portando un pelele varón, sujeto con cuatro palos. ROSITA y BERNARDA al lado izquierdo sujetan los palos en su cadera derecha, y YERMA y BELISA al lado derecho sujetan el palo en la cadera izquierda. Desde el inicio van marcando los pasos al ritmo de la música, comienzan con la pierna derecha. Van avanzando hasta la primera marca que reforzarán las primeras actrices, YERMA y BERNARDA, que pararán el avance, no el movimiento procesional. Entonces YERMA coge el palo de BERNARDA, y ella se adelanta poniéndose de frente, se arrodilla de forma ceremonial y hace la señal de la cruz, posteriormente abre los brazos y mira al cielo. Esa marca hace que las otras tres actrices griten al unísono. BELISA y ROSITA juegan con el público contando entre cada grito: 1; siguiente grito: 2; último grito: 3. BERNARDA se levanta de nuevo de forma ceremonial y vuelve a la posición inicial con su palo que entrega a YERMA. Avanzan —se hacen dos acciones más que no están marcadas—. La penúltima parada consiste en que, sin dejar de moverse lateralmente, las actrices de delante se miran de nuevo y paran, y con esa marca, las actrices de atrás sueltan los palos y dejan que la cabeza del pelele quede arrastrando, y justo después BERNARDA y YERMA, girarán hacia el público, avanzarán y pondrán los palos también en el suelo, dejando echado totalmente en el suelo al pelele colocándolo bien. BERNARDA mira a YERMA y de manera directiva la hace salir de escena caminando hacia atrás mientras ella dirige sus pasos. El espacio escénico queda preparado para la segunda escena, manteniéndose en ella BELISA y ROSITA.

Escena 2. Jugando a ser hombres.
Belisa, Yerma y Rosita.

Entra Rosita *y* Belisa.

Rosita   ¿Sí?

Belisa   Sí.

Rosita   Pero ¿por qué sí?

Belisa   Pues porque si.

Rosita   ¿Y si yo te dijera que no?

Belisa   Pues es qué no.

Rosita   ¿No?

Belisa   Dígame, señor mío, las causas de ese no.

Rosita   (*Pausa.*) Dime tú, las causas de ese sí.

Belisa   Veinte y veinte son cuarenta... Y diez cincuenta.

Rosita   Vamos.

Belisa   Con cincuenta años ya no se es un niño.

Rosita	Claro. Yo me puedo morir de un momento a otro.
Belisa	¡Caramba!
Rosita	(*Llorando.*) ¿Y qué será de usted sola en este mundo?
Belisa	¿Qué sería?
Rosita	Por eso tiene que casarse.
Belisa	(*Distraída.*) ¿Sí?
Rosita	(*Enérgica.*) Sí.
Belisa	El matrimonio tiene grandes encantos, mi señor. No es lo que se ve por fuera. Está lleno de cosas ocultas. (*Refiriéndose al dinero.*) Cosas que no están bien que sean dichas por una servidora… Ya se ve…
Rosita	¿Cómo qué?
Belisa	Me he puesto colorada.

(*Entra* Yerma.)

Yerma	Señor que florezca la margarita no me la dejéis en sombra sobre su carne marchita florezca la margarita.

(ROSITA y BELISA *ríen soterradamente y aplauden.*) Señor que florezca la margarita.

ROSITA Soltera en la vida por una mala partida.

BELISA Todo por dinero es siempre mal consejero.

YERMA Consejero, partida y rosa, en ello anda la cosa.

(*Las tres ríen y se colocan para cantar la canción «Anda jaleo, jaleo».*)

Yo me subí a un pino verde
por ver si la divisaba
por ver si la divisaba
y solo divisé el polvo
del coche que la llevaba
del coche que la llevaba

Escena 3.
Belisa, Yerma, Bernarda y Rosita.

Entra BERNARDA *irrumpiendo en la escena.*

BERNARDA (*Entrando con su bastón por el fondo izquierdo. Da un golpe en el suelo.*) ¿Qué escándalo es este en mi casa? ¿Estarán las arpías con el oído pegado a los árboles? Menos gritos y más obras. Debíais haber procurado que todo esto estuviera más limpio para recibir al duelo. ¡Niña levántate! No es ese tu lugar.

YERMA No, no me voy, aquí estaré, como siempre he estado, esperando y esperando, seca y sola, fría y no muerta, ausente para Juan, siempre ausente.

BERNARDA Los pobres son como los animales. Parece como si estuvieran hechos de otras sustancias.

ROSITA Madre, Belisa y yo, solo jugábamos a los hombres.

BERNARDA Pues aquí y ahora no hay ningún hombre que me dé lecciones. Sentarse. (*Se sientan. Pausa.*) ¡Y tú!, no llores. Si quieres llorar te metes debajo de la cama. (*Se acerca al oído de* Yerma.) ¿Me has oído? Aquí hemos venido a expiar nuestras culpas, culpas de mujer, así es como se tiene que hablar en este maldito pueblo sin río, pueblo de pozos, donde siempre se bebe el agua con el miedo de que esté envenenada. Envenenada porque ¡incluso! ser mujer no es cosa nuestra, es cosa de ellos, y a ellos nos debemos.

Escena 4.
Rosita y Belisa.

BELISA y ROSITA *suspiran fuerte a la vez.*

BELISA	¡Salud Rosita!
ROSITA	¡Salud Belisa!
BELISA	(*Silencio.*) ...ya ves, tantos años equivocada.
ROSITA	Así es.
BELISA	Ojalá que este año sea mejor que el anterior.
ROSITA	Así es.
BELISA	Es lo que yo deseo todos los años.
ROSITA	Así es.
BELISA	Cualquier cosa es poco.
ROSITA	Así es.
BELISA	O nada.

Rosita   Así es. (Belisa y Rosita *suspiran fuerte a la vez.*) ¡Salud Belisa!

Belisa   ¡Salud Rosita!

Escena 5. Las aduladoras.
Belisa y Rosita.

> Belisa y Rosita *tejen. Dejan de mirarse y a la vez miran a* Bernarda.

Belisa	(*A* Bernarda.) La acompaño en el sentimiento.
Rosita	(*Al público.*) La acompaño en el sentimiento.
Belisa	Mi más sentido pésame.
Rosita	Es ley de vida.
Belisa	Siento la pérdida.
Rosita	Le acompaño en el sentimiento.
Belisa	Mucho. Que dios lo acoja en su seno.
Rosita	Siempre se van los mejores.
Belisa	Me acabo de enterar de la triste noticia, lamento mucho su pérdida.
Rosita	Dios está arriba y sabe lo que hace.

BELISA	Es una pena, pero ahora está en un lugar mejor.
ROSITA	A todos nos llega la hora.
BELISA	Genio y figura hasta la sepultura, era una gran persona.
ROSITA	Era un buen hombre.
BELISA	El tiempo todo lo cura.
ROSITA	Es triste, aunque es ley de vida.
BELISA	La muerte llega cuando menos la esperamos.
ROSITA	Siempre es triste perder a un ser querido.
BELISA	Solo pido a Dios que le de fortaleza para sobrellevar esta pérdida.
ROSITA	Te acompaño en el inmenso dolor que supone su marcha.
BELISA	Vivió como sintió.
ROSITA	No dejaba indiferente a nadie.
BELISA	Fue un adelantado a su tiempo.
ROSITA	Un ser humano irrepetible.

BELISA   Se puso el mundo por montera.

ROSITA   ¡No somos nadie!

BELISA   ¡No somos nadie!

              (BELISA y ROSITA *suspiran fuerte a la vez.*)

ROSITA   ¡Salud Belisa!

BELISA   ¡Salud Rosita!

              (*Se congelan.*)

Escena 6. Romancero gitano. Danza de los espejos.
Yerma y Bernarda.

YERMA
/BERNARDA

La luna vino a la fragua
con su polisón de nardos.
El niño la mira, mira.
El niño la está mirando.
En el aire conmovido
mueve la luna sus brazos
y muestra, lúbrica y pura,
sus senos de duro estaño.
Huye luna, luna, luna.
Si vinieran los gitanos,
harían con tu corazón
collares y anillos blancos.
Niño, déjame que baile.
Cuando vengan los gitanos,
te encontrarán sobre el yunque
con los ojillos cerrados.
Huye luna, luna, luna,
que ya siento sus caballos.
Niño, déjame, no pises
mi blancor almidonado.
El jinete se acercaba
tocando el tambor del llano.
Dentro de la fragua el niño,
tiene los ojos cerrados.
Por el olivar venían,
bronce y sueño, los gitanos.

Las cabezas levantadas
y los ojos entornados.
Cómo canta la zumaya,
¡ay cómo canta en el árbol!
Por el cielo va la luna
con un niño de la mano.
Dentro de la fragua lloran,
dando gritos, los gitanos.
El aire la vela, vela.
El aire la está velando.

Escena 7. Las tejedoras.

Belisa y Rosita.

> BERNARDA *saca el ovillo y teje. Largo silencio.* BELISA *y* ROSITA *suspiran fuerte a la vez.*

BELISA   (*Silencio.*) ...Ya ves, tantos años equivocada.

ROSITA   Así es.

BELISA   Ojalá que este año sea mejor que el anterior.

ROSITA   Es así.

BELISA   Es lo que yo deseo todos los años.

ROSITA   Así es.

BELISA   Cualquier cosa es poco.

ROSITA   Es así.

BELISA   O nada.

ROSITA   Así es.

LAS DOS   Así es.

BELISA.   Un día más.

ROSITA   ¡Qué mala suerte!, ¡que mala suerte!

BELISA.   Siempre dices lo mismo.

ROSITA   Hace días que noto a Yerma muy callada y un poco triste. Me vas a acompañar a la fiesta de la plaza, ¿verdad? Te vas a divertir, toca una banda que sé que te gusta.

BELISA   (*Determinante.*) No, yo no voy ni tú tampoco, no insistas.

ROSITA   ¿Cómo que no vas, como que no voy?...

BELISA.   ¡Como que no!

ROSITA   ¿Cómo qué?

BELISA   No.

ROSITA   ¿No?

BELISA   ¡Noooo!

ROSITA   Vale, vale.

BELISA   Me quiero ir de esta casa.

ROSITA   ¿Y dónde vas a dormir?

BELISA   En cualquier rincón.

ROSITA   ¿Y qué vas a comer?

BELISA   Pues todo lo que encuentre por ahí tirado.

ROSITA   ¿Y si no encuentras nada por ahí tirado?

BELISA   ¡Hay!, ¡déjame ya!, ¡me voy y ya está!

ROSITA   Yo también quiero escapar.

BELISA   Cómo será ser hombre.

ROSITA   Yo no quiero ser nada, no quiero ser hombre, no quiero ser mujer, no quiero ser nada, son demasiados lazos, demasiadas obligaciones, demasiadas deberes, responsabilidades, compromisos, ¡no quiero ser nadaaaaaa!

Escena 8. Eres mujer y lo serás para toda la vida.
Belisa, Yerma, Bernarda y Rosita.

BERNARDA ¡Basta ya de tanta tontería, suspiros, lasti-
meras, lloriqueos y lágrimas, aquí hemos
venido a lo que hemos venido!

(*Señala a* BELISA.)

BELISA Yo, Belisa, a purgarme en vida por haber-
me dejado comprar por cuatro monedas a
un viejo santurrón.

YERMA Yo, Yerma, a saber que quien estaba seca,
no era...

TODAS ¿Túúúúúúú?

YERMA Sino mi marido, ese que las mataba callando, callado y callando, mellaba mi alma,
un verdadero asesino silencioso.

BERNARDA Ahora tú Rosita.

ROSITA Pues yo, soltera y toda la vida esperando,
os parece poco.

BERNARDA Bernarda, vestida de luto porque cuando
mi hombre se fue, no dejó a nadie atrás,
con su muerte arrastro con todo y a todas.

Vengo cargada de dolores antiguos, recogidos por siglos, arrastrando largas cadenas.

YERMA

Yerma es la oscuridad del pozo del olvido, con el silencio a cuestas con el dolor ancestral, que ha corroído sus entrañas desde el principio de los tiempos, esclava de los tiempos, esclava de maneras diferentes, esclava de todos y esclava de uno.

ROSITA

Rosita sometida al deseo de mi raptor en mi propia casa. (*Burlándose.*) ¡Te vas a quedar para vestir santos!, ¡una mujer sin un hombre no es nada!, ella es Rosita la que siempre espera, la que no sale de casa para atenderlo para cuando él venga.

BELISA

Belisa vendida y canjeada como mercancía, vivo escondida detrás de unas monedas por mi propia familia.

BERNARDA

Bernarda obligada a gritar y maltratar para mantener el orden.

Escena 9. Historia de Bernarda.
Belisa, Yerma, Bernarda y Rosita.

Canción «La señorita del abanico va por el puente del fresco río».

BELISA
/YERMA
/BERNARDA
/ROSITA
　　　　　La señorita
del abanico
va por el puente
del fresco río.
Los caballeros
con sus levitas,
miran el puente
sin barandillas.
La señorita
del abanico
y los volantes,
busca marido.

Escena 10.
Belisa, Yerma, Bernarda y Rosita.

BELISA, YERMA, BERNARDA y ROSITA *forman barullo.*

BERNARDA
(*Mandando callar a todas.*) Chiss. ¡Andar a vuestros rincones a criticar todo lo que habéis visto! ¡Ojalá tardéis muchos años en pasar el arco de mi paciencia!

BELISA
No tendrás queja ninguna. Los hombres han venido.

BERNARDA
Sí, para llenar mi casa con el sudor de sus entrepiernas y el veneno de sus lenguas.

YERMA
¡Madre, no hable usted así!

BERNARDA
Es así como se tiene que hablar en este maldito pueblo sin río, pueblo de pozos, donde siempre se bebe el agua con el miedo de que esté envenenada.

YERMA
¡Tranquila madre!

BERNARDA
Niña, dame el abanico.

BELISA
Tome usted.

(*Le da un abanico redondo con flores rojas y verdes.*)

BERNARDA   (*Arrojando el abanico al suelo.*) ¿Es este el abanico que se le da a una viuda? Dame uno negro y aprende a respetar el luto de tu padre.

YERMA   Tome usted el mío.

BERNARDA   ¿Y tú?

YERMA   Yo no tengo calor.

BERNARDA   Pues busca otro, que te hará falta. En ocho años que dure el luto no ha de entrar en esta casa el viento de la calle. Hacemos cuenta que hemos tapiado con ladrillos puertas y ventanas. Así pasó en casa de mi padre y en casa de mi abuelo. Mientras, podéis empezar a bordar el ajuar. En el arca tengo veinte piezas de hilo con el que podréis cortar sábanas y embozos. Belisa puede bordarlas.

BELISA   Lo mismo me da.

BERNARDA   (*Agria.*) Si no quieres bordarlas, irán sin bordados. Así las tuyas lucirán más.

ROSITA   Ni las mías ni las vuestras. Sé que yo no me voy a casar. Prefiero llevar sacos al molino. Todo menos estar sentada días y días dentro de esta sala oscura.

BERNARDA   Eso tiene ser mujer.

YERMA   Malditas sean las mujeres.

BERNARDA   Aquí se hace lo que mando yo. Ya no puedes ir con el cuento a tu padre, lo que mi marido me mando a mí, yo te lo mando a ti. Hilo y aguja para las hembras. Látigo y mula para el varón. Eso tiene la gente que nace con posibles. ¡Cuánto hay que sufrir y luchar para hacer que las personas sean decentes y no piensen que todo el monte es orégano! Y a vosotras no hay en cien leguas a la redonda quien se pueda acercar. Los hombres de aquí no son de su clase. ¿Es que quieres que las entregue a cualquier gañán? (ROSITA *tira el ovillo al suelo. Furiosa.*) ¡Rosita! ¡Rosita!

ROSITA   ¿Qué manda usted?

BERNARDA   ¿Qué mirabas y a quién?

ROSITA   A nadie.

BERNARDA   ¿Es decente que una mujer de tu clase vaya con el anzuelo detrás de un hombre el día de la muerte de su padre, y con el cuerpo todavía caliente? ¡Contesta! ¿A quién mirabas?

ROSITA   Yo…

BERNARDA   ¡Tú!

ROSITA ¡A nadie!

BERNARDA ¡Suave! ¡Dulzarrona!

YERMA ¡Bernarda, cálmate!

BERNARDA ¡Callaros todas!, a la mujer se la doma como a un animal, se la lleva al redil, esta sirve para la crianza y el cuidado del hogar, todas callan y nada dicen, obediente y sensata cumple con su buen pastor, pasa de la tutela del padre a la del marido. Todos los días deberíamos dar gracias a dios por habernos privado a las mujeres del don de la palabra. Dios libra a la mujer casada del taller y la fábrica. ¿Cuántas mujeres médico?, ¿cuántas abogado?, ¿cuántas licenciadas en ciencias ejercen con provecho su profesión? La misión de la mujer no es esta. La mujer ha sido creada para madre de familia, y bastante y mucho tiene que aprender para cumplir debidamente tan alta misión porque si tuviéramos poder, quién sabe si caeríamos en la vanidad de exhibirlo en las plazas. Las mujeres nunca descubren nada; les falta el talento creador reservado por dios para inteligencias varoniles. La vida de toda mujer, a pesar de cuanto ella quiera simular –o disimular– no es más que un eterno deseo de encontrar a quien someterse. Tienen que ser las perfectas casadas.

YERMA	¡Basta ya madre!
BERNARDA	Hablan demasiado y no saben guardar un secreto.
BELISA	Madre creo que ya es suficiente.
BERNARDA	Donde hay barbas, callen faldas.
ROSITA	No hace falta que siga madre.
BERNARDA	Nunca hombre sabio y discreto revela a la mujer un secreto.
YERMA	¡Basta ya! ¡Basta ya!
BERNARDA	(*Desesperada.*) Mujer tenías que ser, mujer tenías que ser. (TODAS *intentan callarla, hasta que* BERNARDA *cae al suelo*). Dios nos guarde a todas, mujer casamentera, mujer sin hijo, pórtate como una señorita, mujer tenía que ser, es una histérica, no sabe hacer de comer, está gorda, ya es vieja, peleas como una mujer, pareces una fulana, no sirves para nada… y después que más, que más, cuantas veces más, cuantas veces más tenemos que escuchar y escuchar, y escuchar hasta la saciedad, SER MUJER, ¡maldita la vida mía! Me he convertido en un árbol duro y seco, imponente sin dejar que nada pase, las malditas apariencias me han cortado la rabia, y las alas para volar. El miedo a la libertad me ha envejecido y los

surcos de mi piel son como sendas de río seco. ¡Cuántas veces quise decir no! ¡Cuántas veces quise gritar! Y la pasión se me ahogó en la garganta como a un niño en un pozo, reprimida y abandonada al desprecio. Maldita tradición, porquería de costumbres, creencias viejas que me atan al olvido. ¡Ya no quiero ser mujer!, ¡ya no quiero ser mujer!, ¡ya no quiero ser nadie!

Escena 11. Pantomima de un velatorio bufo.
Belisa, Yerma, Bernarda y Rosita.

BERNARDA	(*Dando un golpe de bastón en el suelo.*) ¡Alabado sea dios!
TODAS	(*Santiguándose.*) Sea por siempre bendito y alabado.
BERNARDA	¡Descansa en paz con la santa compaña de cabecera!
TODAS	¡Descansa en paz!
BERNARDA	Con el ángel san Miguel y su espada justiciera.
TODAS	¡Descansa en paz!
BERNARDA	Con el ángel santo Tomás que todo lo da.
TODAS	¡Descansa en paz!
BERNARDA	Con el ángel Gabriel que todo lo ve.
TODAS	¡Descansa en paz!
BERNARDA	Por aquel que mata y luego se escapa.
TODAS	¡Descansa en paz!

BERNARDA   Por el otro que calla y nunca dice nada.

TODAS   ¡Descansa en paz!

BERNARDA   Por la mujer que le pone la zapatilla y lo sienta en la silla.

TODAS   ¡Descansa en paz!

BERNARDA   Por aquel que le pone el burka, y nada escucha.

TODAS   ¡Descansa en paz!

BERNARDA   Por el que trae el pan y la sal y luego se va.

TODAS   ¡Descansa en paz!

BERNARDA   Por el que deja de amar y con otra se va.

TODAS   ¡Descansa en paz!

BERNARDA   Por todos los que han estado y se han quedado.

TODAS   ¡Descansa en paz!

BERNARDA   Por todos los que han estado y se han marchado.

TODAS   ¡Descansa en paz!

BERNARDA   Con la llave que todo lo abre y la mano que todo lo cierra.

TODAS   ¡Descansa en paz!

BERNARDA   Con los bienaventurados y las lucecitas del campo.

TODAS   ¡Descansa en paz!

BERNARDA   Con nuestra santa caridad y las almas de tierra y mar.

TODAS   ¡Descansa en paz!

BERNARDA   Por todos aquellos que con el látigo silencioso han encontrado el sueño eterno.

TODAS   ¡Descansa en paz!

BERNARDA   Concede el reposo a todos tus siervos hombres, varones, mulos, sementales, padres, verracos, viriles, varoniles, masculinos, bravucones, mazos, martillos, martinetes, y dale la corona de tu santa gloria.

TODAS   Amén.

Escena 12. Historia de Rosita.
Rosita, Yerma, Bernarda y Belisa.

Están recogiendo la casa.

ROSITA   ¿Y mi sombrero? ¿Dónde está mi sombre-
                  ro? ¡Ya han dado las treinta campanadas en
                  san Luis!

YERMA   Yo lo dejé en la mesa.

ROSITA   Pues no está.

BERNARDA   ¿Has mirado en el armario?

BELISA   No lo encuentro.

ROSITA   ¿Será posible que no se sepa dónde está mi
                  sombrero?

BERNARDA   Ponte el azul con margaritas.

ROSITA   ¡Estás loca!

BERNARDA   Más loca estas tú. Como siempre nadie te lle-
                  ga, porque nadie viene, seguirás esperando
                  y esperando en ese viejo banco, un día con
                  un sombrero rosa, otro con un sombrero gris,
                  ¡y no llega!, ¡y no llega! ¡nunca llega!

YERMA   A la vejez todo se nos vuelven espadas.

ROSITA   Aprovechas que estoy sola para llamarme
               loca.

BERNARDA   No estás sola.

TODAS   Eres sola.

Escena 13. Tragedia de Rosita.
Rosita.

ROSITA   Si soy sola, mi cabeza se contradice, mis lagrimas brotan cada vez más, eso me afecta, pero ¿qué es eso? Si siempre es el mismo banco, siempre es a la misma hora. Que es eso que me tiene en insomnio todas las noches, que hace que me sienta inútil, que me aparta de todos y de todo, no sé si querer cambiar, pero ¿que cambiar? si solo me estoy consumiendo poco a poco sola.

Me he acostumbrado a vivir muchos años fuera de mí, pensando en cosas que estaban muy lejos, y ahora que estas cosas ya no existen, sigo dando vueltas y más vueltas por un sitio frío, buscando una salida que no encuentro nunca.

Yo lo sabía todo. Sabía que se había casado, y he estado recibiendo sus cartas con una ilusión llena de sollozos que aun a mí misma me asombra. Si la gente no hubiera hablado; si vosotras no lo hubierais sabido; si no lo hubiera sabido nadie más que yo, sus cartas y su mentira hubieran alimentado mi ilusión como el primer año de su ausencia. Pero lo sabían todos y yo me encontraba señalada por un dedo que hacía ridícula mi vida de falsa prometida.

(*Al publico.*) Cada año que pasaba era como una prenda íntima que arrancaran de mi cuerpo. Y hoy se casa una y otra y otra, y mañana tienen un hijo y crece, y hacen casas nuevas y canciones nuevas, y yo igual, con el mismo temblor, y seca, siempre seca, y siempre lo mismo que antes, cortando el mismo clavel, poniendo las mismas flores, viendo las mismas nubes; y un día bajo al paseo y me doy cuenta de que no conozco a nadie; y unos me dicen: «Ahí está la solterona», y otros me cuentan: «A esa ya no hay quien le clave el diente».

Y yo lo oigo y no puedo gritar sino con la boca llena de veneno y con unas ganas enormes de huir, de quitarme los zapatos, de descansar y no moverme nunca más, de mi rincón. Aparcada, vieja y abandonada.

(*Desde dentro del escenario.*) ¡Adiós primo!

TODAS   Adiós prima.

(*Salen al escenario.*)

BELISA   ¿Volver dice?

BERNARDA   Después de 30 años.

YERMA   Vestida y sin novio.

             (ROSITA *se arrodilla ante ellas, ellas se burlan.*)

BELISA   Para vestir santos se ha quedado.

BERNARDA   Con traje y sin novio.

YERMA   Por creer que un hombre la salva.

BELISA   Se ha quedado sin vida.

BERNARDA   Sin vida se ha quedado.

ROSITA   ¡Basta!, ¡basta!, ¡basta! de dolor, de espe-
             ra, de pasión.

TODAS   Si, ¡basta!

Escena 14. Culichiches.

Belisa, Yerma, Bernarda y Rosita.

BELISA   (*Al pelele.*) Parece que descansa.

ROSITA   ¡Qué dormido está!

BELISA   ¿Por qué está de esa manera?

ROSITA   ¡Dios mío, está como si se muriera!

BELISA   Ni siquiera le han cerrado la boca.

ROSITA   Y solo de pensarlo, me entra un ahogo, que todo lo que me haga se lo perdono.

BELISA   ¡Ay doña Rosita, fuiste una pillina!

ROSITA   Ay hermana querida, ¿por qué aquí mi primo no ha venido?

BELISA   ¡Ay!, ¡ay! ¡Ay!, ¡ay!

ROSITA   ¿Qué es lo que hay?

BELISA   A mí no me grites.

ROSITA   Pues sí te grito.

BELISA   ¿A quién le gritas tú?

ROSITA   ¡Pues te grito a ti y a quien se presente!

BELISA   ¡No me alces el gallo!

ROSITA   ¡Lo alzo siempre que quiera!

BELISA   ¡Que no me chilles!

ROSITA   ¡Chillo si me da la gana.

BELISA   Cállate, que hay enfermo en la casa.

ROSITA   ¿Qué hay? ¿Quién es el enfermo?

BELISA   El enfermo ya está muerto.

ROSITA   ¿Muerto?

BELISA   Si, de gravedad.

ROSITA   ¿De gravedad?

BELISA   No. Muerto.

ROSITA   Ya lo sabes.

BELISA   ¡Que baje dios y lo vea!

ROSITA   Y ahora ¿quién carga con el sambenito?

BELISA   Con ese tal sambenito no sé, pero con este muerto, tú y yo.

ROSITA   Hoy por ti, mañana por mí.

BELISA   ¿Quieres que lo haga yo y me lleve a este que murió?

ROSITA   Sí, porque si no, se queda aquí. Y yo no sé tú, pero… ¿era ese tu Perlimplín?

BELISA   Sí, también tu primo, el que se fue de aquí.

YERMA   También Juan, que a Yerma hijos no le dio y por eso murió.

BERNARDA   También Antonio María Benavides, vuestro padre.

YERMA   Cuatro hombres en uno solo.

ROSITA   El que abandona.

BELISA   El que acosa.

BERNARDA   El tirano.

YERMA   El que mata.

(*Todas aúllan.*)

Escena 15. Las quejicas.
Belisa, Yerma, Bernarda y Rosita.

BERNARDA   Me quejo de haber sido convertida en animal de carga, en reproductora y en paridora de la especie.

ROSITA   Me quejo por haber sido violada en todos los rincones del planeta sin importar mi edad o mi color de piel.

             De entregarme a los deseos de los señores, prestarme, donarme, destruirme, olvidarme entre miles.

BERNARDA   Me quejo de ser servidora.

YERMA   Me quejo de ser concubina.

BELISA   Me quejo de ser señora.

YERMA   De unos y de otros siempre dependiente.

BERNARDA   De unos y de otros siempre humillada.

TODAS   De unos y de otros siempre maltratada.

YERMA   He recorrido el mundo en millares de vida y he entregado mi vida gota a gota con las lágrimas de mi angustia e impotencia.

BERNARDA	He recorrido todos los caminos, he arañado paredes, he tragado mi silencio, he ahogado mis gritos para tratar de cumplir lo que tú.
BELISA	Tú.
ROSITA	Tú.
YERMA	Tú.
BERNARDA	Tú.
BELISA	Deseas, y a pesar de mis esfuerzos nunca lo he logrado.
ROSITA	No te conozco, es verdad, pero en todos los tiempos, estuve cerca, de unos y de otros y ante todos ellos, les serví cada día, recogí sus migajas.
YERMA	No se me ha permitido escoger el rumbo de mi vida, he caminado siempre en disyuntivas entre ser madre, esposa, santa o puta.
BERNARDA	Me han llamado de múltiples maneras, bruja, loca, adivina, pervertida.
BELISA	Aliada de Satán, esclava de la carne, seductora, ninfómana, lesbiana, marimacha, feminista.

TODAS   Culpables de los males de la tierra.

ROSITA   Y a pesar de todo seguí viviendo.

YERMA   Seguí arando y cosechando.

BERNARDA   Seguí cosiendo, cocinando.

BELISA   Pariendo, criando, amantando, cuidando.
             Pero sobre todo amando.

ROSITA   He poblado la tierra de ricos y mendigos,
             de amos y de esclavos.

BERNARDA   De genios y de idiotas.

YERMA   De poetas y de locos.

BELISA   Pero todos tuvieron la protección de mi
             vientre, el alimento de mi sangre.

ROSITA   La leche de mis senos y el calor de mis
             abrazos.

BERNARDA   A través del tiempo cambiaron mi oficio,
             ahora soy, Madre y costurera. Soy Bernarda.

YERMA   Mujer y sirvienta, soy Yerma.

BELISA   Soltera y artesana, soy Belisa.

ROSITA   Soltera y tejedora, soy doña Rosita, la sol-
             tera.

BERNARDA   Madre bordadora, secretaria, enfermera, ingeniera, médica y maestra.

YERMA   Siempre sirviendo a todos, convertida en abeja y reproductora.

BELISA   Quiero que descorras las cortinas de mi piel, y encuentres en la profundidad de mis ojos, mis más sublimes deseos y conozcas lo que soy y qué anida en mí. Quiero que me escuchéis en las largas noches de silencio.

                Quiero que cuando me ames, tu amor sea fuerte como los árboles de la montaña.

                Que no dudes de mi sonrisa, de la mata de mi pelo, de mis tristezas y silencios. Estos serán los hombres que amaré. Por un puñado de monedas me vendieron y por un puñado de gargantas me caigo al suelo.

                Por un puñado de monedas soy vendida y por un puñado de gargantas me caigo al suelo. Ya no espero más, ya no espero más. Aquí no hay ningún remedio. La que tenga que ahogarse que se ahogue. Pepe el Romano es mío. El me lleva a los juncos de la orilla. Ya no aguanto el horror de estos techos después de haber probado el sabor de su boca. Seré lo que él quiera que sea. Todo el pueblo contra mí, quemándome con sus dedos de lumbre, perseguida por los que dicen que son decentes, y me pondré delante de todos con la corona de espinas que tienen las que son queridas de algún hombre casado. Sí, sí. Vamos a dormir, vamos a dejar que se case con Angustias. Ya no me importa. Pero yo me iré a una casita sola donde él me verá cuando quiera, cuando le venga en gana. Nos enseñan a querer a las hermanas. Dios me ha debido dejar sola, en medio de la oscuridad, porque te veo como si no te hubiera visto nunca.

Ya no aguanto más, ya no aguanto más.

Escena 16.
Rosita y Belisa.

Entra Rosita, *se sitúa detrás de* Belisa.

«Por las orillas del río».

Por las orillas del río.
Se está la noche mojando.

Y en los pechos de Belisa.
Se mueren de amor los ramos.

La noche canta desnuda.
Sobre los puentes de marzo.

Belisa lava su cuerpo.
Con agua salobre y nardos.

Con agua salobre y nardos.
Se mueren de amor los ramos.

La noche de anís y plata.
Relumbran por los tejados.
Relumbran por los tejados.

Plata de arroyos y espejos.
Y anís de tus muslos blancos.

Escena 17. Tragedia de Yerma.
Yerma, Rosita, Bernarda y Belisa.

YERMA   ¡Soy Yerma! soy una joven casada con Juan, hombre que mi padre escogió para que fuera su esposa. A pesar de la poca o nula pasión en el matrimonio, cumplo con lo que son mis obligaciones como esposa. Espero con ansia tener hijos, eso haría que mi vida fuera más llevadera y tenga algún sentido. Mi amiga María, que está embarazada, me anima y me dice que no pierda la fe, que los hijos ya vendrán. Pero las palabras de María no me calman.

Juan, mi marido, por su parte, es un hombre de campo, consagrado al trabajo. Pasa mucho tiempo en sus labores, para que no falte nada en la casa. Él desea, quiere y meeee obligaaaaa a que yo pase todo el tiempo en casa, y que lo atienda según se espera, si, si, siiii, lo que quieras, lo que quieras, lo que quieras, pero todo por un hijo. Hablo con otras mujeres cuando le llevo comida a los campos; cuando estoy lavando en el río o buscando agua en la fuente. Pero ellas solo me dicen, ¡espera! ¡espera!, ¡confía!, ¡aguarda! hablan de dar tiempo, y más tiempo, y más tiempo, tiempo, tiempo, y esperar que nuestros cuerpos sean más apasionados, ardientes, calurosa, impetuoso, vivo, exaltado, enardecida. ¡Pero no!, eso nunca ocurrirá, donde no hay chispa nunca podrá haber fuego.

(*Entra* Bernarda, Belisa *y* Rosita *y se colocan detrás de* Yerma.)

Marchita, marchita, pero segura. Ahora sí que lo sé de cierto. Y sola. Voy a descansar sin despertarme sobresaltada, para ver si la sangre me anuncia otra sangre nueva. Con el cuerpo seco para siempre. ¿Qué queréis saber? No os acerquéis, porque he matado a mi hijo. ¡Yo misma he matado a mi hijo! Ahora sí podrá estar tranquila, aunque viva marchita.

(Bernarda, Rosita *y* Belisa *hacen los mismos movimientos que* Yerma.)

Dios no me salva, de mi vida.
Ajena soy de gracia.
El Señor no está conmigo.
Maldita yo soy,
entre todas las mujeres,
y maldita es la culpa de mi vientre, sin luz.
Se me niega la vida, que nunca latió.
Déjame muerta por mis pecados,
ahora y en la hora de mi muerte. Amén.

(YERMA *cae al suelo. Se van quitando los vestidos y se quedan con la combinación que llevan debajo.*)

BERNARDA   Yerma.

ROSITA   Levanta, ese no es tu lugar.

BELISA   Tu lugar no es ese.

BERNARDA   Otros escribieron nuestros personajes.

ROSITA   Pero otros no son los que deciden por nosotras.

BELISA   Si, venimos encarceladas del pasado.

ROSITA   Pero no seré prisionera en el futuro.

BERNARDA   Porque soy liberada.

ROSITA   Soberana.

BELISA   La reina de mi vida.

YERMA   Seré lo que quiera ser, lo que quiera soñar.

BERNARDA   Porque soy mujer, si, como tú, como tú, como tú.

ROSITA   Si, como tú, como tú, como tú.

Belisa	Si, como tú, como tú, como tú.
Yerma	Como todos, como todas.
Bernarda	Nosotras somos únicas, pero es que tú, también eres único.
Rosita	Y tú.
Belisa	Y tú.
Yerma	Y tú.
Bernarda	Porque tú eres especial, exclusivo.
Rosita	Imponente, incomparable.
Belisa	Inimitable, original.
Todas	Porque todas las personas somos únicas.

(*Apagón.*)

Telón.

Esta primera edición de *Édith Piaf, el gorrión de París* y *Lorca Perdida*,
de Manu Medina, terminó de imprimirse
en febrero de dos mil veinticuatro,
en Madrid